Le livre
des grands
contraires
philosophiques

Direction éditoriale :
Céline Charvet

Direction artistique :
Jean-François Saada

© Éditions Nathan (Paris), 2007
ISBN : 978-2-09-251391-0

Le livre
des grands
contraires
philosophiques

Textes de
Oscar Brenifier

Illustrations de
Jacques Després

Pourquoi penser les contraires ?

Sans contraires, on ne peu

Des contraires, on en apprend depuis qu'on est tout petit.
Dès le plus jeune âge, on découvre que des idées s'opposent
et se comprennent l'une grâce à l'autre : le haut est le contraire du bas,
le froid du chaud, l'obscurité de la lumière.

Quand on grandit, notre pensée devient plus subtile,
elle est capable de comprendre des notions plus abstraites, des idées
plus complexes. Mais elle continue d'avoir besoin des contraires.
Car ces grandes oppositions universelles sont celles qui structurent
notre esprit, qui lui permettent de réfléchir, que l'on soit un grand enfant
ou un grand philosophe. Comment concevoir l'esprit sans l'opposer
au corps, l'infini sans l'opposer au fini, l'être sans l'opposer à l'apparence ?
penser. Ce livre se fonde sur cette nécessité.

Il montre que dans chacun de ces couples on a toujours besoin
également des deux contraires, même si l'un nous semble plus évident
ou plus important, même si l'autre nous effraie ou nous paraît impensable.
Nous tentons parfois d'échapper à cette tension en fusionnant les contraires,
en les oubliant, en les décrétant complémentaires – et pourquoi pas...

La lecture de cet ouvrage est une méditation, à travers le texte
et les images, pour prendre plaisir à entrevoir l'unité de l'être
à travers ses oppositions et toucher aux limites de notre pensée,
un plaisir que l'on peut connaître à tous les âges de la vie.

L'unité,
c'est ce qui fait que nous voyons un ensemble
comme une seule chose, par exemple une classe.
Quel que soit le nombre d'élèves qui la composent,
on en parle comme s'il s'agissait
d'un ensemble indivisible.

La multiplicité,
c'est ce qui fait que nous décomposons
une chose en ses multiples éléments.
Il n'y a pas une classe, mais toutes sortes
d'élèves différents.

Un objet est-il un objet
ou bien un assemblage d'éléments,
un ensemble de petites particules ?

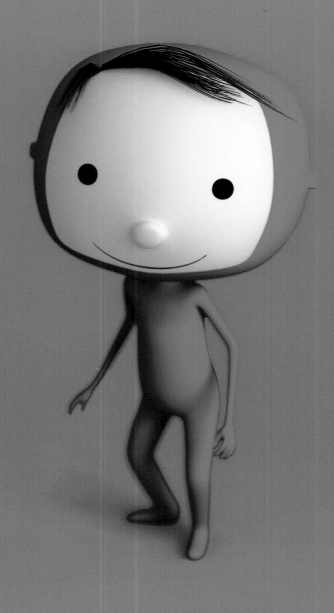

un | multiple 3

Tout ce que nous connaissons est à la fois une chose et plusieurs choses. Selon ce que nous voulons faire ou dire, nous emploierons l'unité ou la multiplicité. Pour lui donner un nom ou pour la ranger dans une catégorie, ce doit être une seule chose, par exemple un robot. Pour la décrire ou la comprendre, ce doit être plusieurs choses, par exemple les pièces qui composent et font fonctionner ce robot. Cela explique pourquoi nous nous sentons nous-mêmes à la fois une seule personne, avec notre identité propre, et plusieurs, avec nos changements d'humeurs, nos idées diverses et nos contradictions.

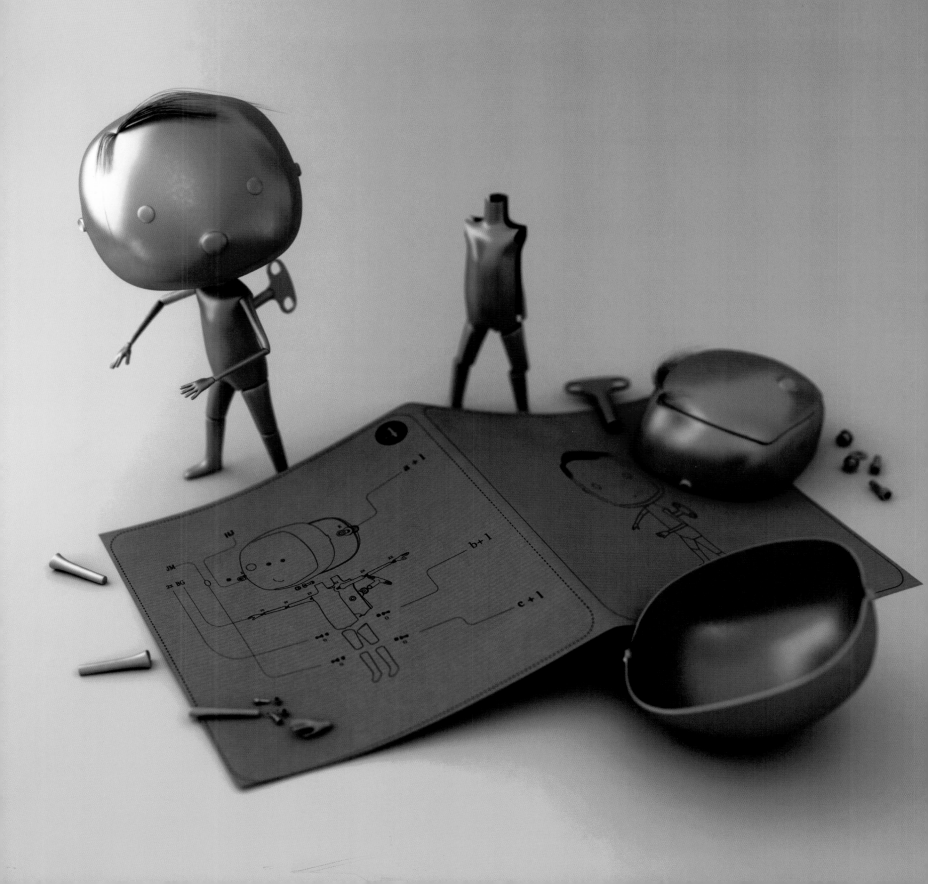

Ce qui est fini,
c'est ce dont on perçoit le commencement,
la fin ou les bords. On en voit la forme,
là où notre regard s'arrête. Un cercle est fini
lorsque l'on peut en connaître le centre
et en déterminer la circonférence.

Ce qui est infini,
c'est ce qui nous échappe, d'un côté
ou d'un autre, par sa taille, son origine
ou son aboutissement. Un cercle est infini
si l'on ne perçoit pas ses bords, si l'on ne peut
pas les mesurer ou les concevoir.

L'univers
est-il un grain de sable
dans l'immensité du rien…

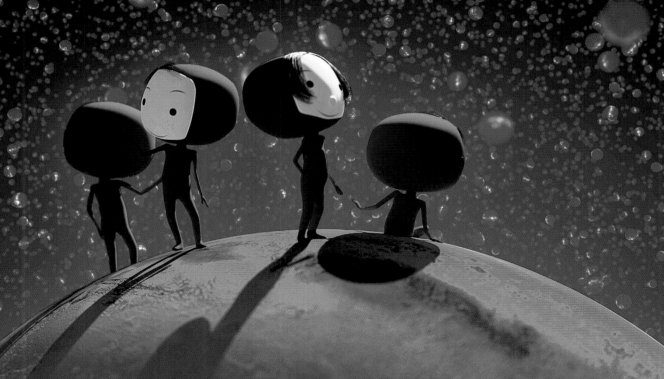

... ou **une immensité**
tellement grande que l'on ne peut
la comprendre ou l'imaginer ?

fini | infini | 3

Le fini s'oppose à l'infini, et pourtant, on ne peut comprendre
l'infini sans compter toujours plus loin avec des nombres finis :
1, 2, 3, 4... De même, chaque nombre fini peut aussi être divisé
à l'infini : 4, 2, 1, ½, ¼... Chaque grain de poussière peut ainsi
se décomposer, jusqu'à un point qui dépasse notre imagination.
De la même manière, tous ces grains peuvent se multiplier à l'infini.
Ainsi l'univers est un infini d'infinis composé d'objets finis.
Notre esprit se perd dans son immensité, et pourtant cet infini
nous attire, comme si nous en avions besoin pour savoir
où nous sommes, qui nous sommes et quelles sont nos parts
de fini et d'infini.

L'être,
c'est le cœur d'une chose ou d'un être vivant,
c'est sa réalité profonde, celle qui ne change pas
selon les regards et les circonstances.
Un poisson peut être un poisson
même s'il n'en a pas l'apparence.

L'apparence,
c'est ce qui permet de connaître
un objet ou un être vivant en le voyant,
en l'entendant, en le touchant ou en l'utilisant.
Un poisson peut ne pas être un poisson
même s'il en a l'apparence.

L'être est-il toujours révélé par l'apparence ?

être | apparence 3

C'est souvent l'apparence qui nous permet de reconnaître les choses. Comme c'est par les mots et les gestes que l'on connaît les idées et les sentiments. Les choses n'auraient aucune réalité pour nous si nous ne les percevions pas, si nous ne les utilisions pas. Par exemple, un ballon crevé est-il encore un ballon ? Les apparences sont parfois trompeuses. Il arrive même qu'elles ne correspondent pas du tout à ce qu'elles font croire. Plus encore, on peut affirmer qu'on ne connaît jamais ce qu'une personne ou une chose est véritablement. Je fus un jour un minuscule embryon, puis je serai un adulte, et enfin un squelette poussiéreux : comment savoir qui je suis vraiment ?

La liberté,
c'est la possibilité de choisir
par soi-même ce que l'on pense,
ce que l'on fait, ce que l'on aime, où l'on va,
comment on se comporte…

La nécessité,
c'est ce qu'on ne peut pas choisir,
c'est ce qui nous est imposé et qui nous contraint.
C'est ce à quoi on doit obéir.

La liberté peut-elle exister
sans prendre en compte la nécessité ?

liberté | nécessité | 3

Souvent, nous pensons que la liberté, *c'est faire tout ce que nous voulons.* Sans limites et sans obligations. Pour cela, il faudrait être un dieu capable de tout maîtriser. Or la vie en société impose d'obéir à des règles. La nature aussi nous soumet à sa loi : personne ne choisit de naître garçon ou fille. Tout le monde doit manger, boire et dormir pour survivre. Tout ce qui existe n'est libre que dans les limites de ce qu'il est.

Notre liberté à nous, hommes, est immense car nous sommes capables de faire des choix et d'en être responsables. C'est ce qui la rend difficile : à cause d'elle, nous hésitons avant de prendre la bonne décision, les autres se moquent de nous lorsque nous nous trompons, nous devons réfléchir, et nous nous sentons coupables lorsque nous commettons quelque chose qui n'est pas bien. Mais c'est cette conscience qui nous permet de faire de grandes choses, c'est elle qui nous distingue des animaux, qui nous rend vraiment hommes

La raison,
c'est la capacité que nous avons de réfléchir avant d'agir,
de questionner et d'analyser ce qui existe,
de prévoir au mieux les conséquences de nos actions.
C'est aussi la volonté de donner une explication logique
aux choses pour les comprendre et les contrôler.

La passion,
c'est le mouvement du cœur
et de l'esprit que l'on subit
sans pouvoir le contrôler ou lui résister.
C'est une attirance instinctive
qui nous pousse vers quelque chose
ou vers quelqu'un, vers une idée
ou vers une activité.

Faut-il suivre sa raison **ou** sa passion ?

raison | passion : 3

Certaines personnes ont plutôt l'air dirigées par leur passion : elles écoutent leurs désirs, leurs envies, leurs sentiments personnels. D'autres au contraire ont l'air dominées par leur raison : elles raisonnent sur tout, elles veulent tout expliquer.

Mais si on regarde de plus près, on s'aperçoit que chacun d'entre nous oscille entre la raison et la passion. À certains moments, nous ne savons pas résister à la passion, comme lorsque nous sommes amoureux. À d'autres moments, c'est la raison qui nous guide, comme lorsque nous devons penser à travailler pour vivre. Mais si la raison et la passion s'opposent souvent, c'est aussi leur combinaison qui permet de créer et d'innover. Dans tous les domaines, la science ou les arts, le génie est peut-être une subtile combinaison de ces deux faces de notre personnalité qui ne vont pas toujours bien ensemble.

La nature,
c'est ce qui existe hors du pouvoir de l'homme.
C'est la végétation et les animaux, les roches et les montagnes,
les fleuves et les mers, le corps humain et son cerveau.
C'est aussi tout ce qui gouverne la vie et lui est nécessaire.

La culture,
c'est ce qui est produit par l'intelligence humaine :
le langage, les idées, l'art, les sciences, les techniques,
ainsi que les œuvres et les travaux qui en découlent et changent le monde.
C'est aussi les coutumes, les rituels et les croyances
qui unissent les hommes d'une même société.

La culture permet-elle à l'homme de dépasser sa nature ?

nature | culture 3

Parce que nous appartenons au grand cycle de la nature, nous sommes tous obligés de mourir. Et parce que la nature nous a donné un cerveau plus complexe que celui des animaux, nous savons tous aussi que nous allons mourir, même si la médecine fait reculer les frontières de la mort. Cette certitude nous pousse à donner un sens à notre existence et à laisser des traces de notre passage sur terre. C'est pourquoi nous pensons, nous créons des œuvres d'art, nous inventons et fabriquons toutes sortes de choses, nous transformons le monde et conquérons l'espace, et nous construisons des tombes pour nos morts. Car si notre culture ne nous permet pas de modifier notre nature de mortel, elle nous aide à en prendre conscience, à l'accepter et à la dépasser.

Le temps,
c'est le mouvement,
la succession d'événements
qui font changer les choses et les gens.
C'est ce qui commence et qui finit,
tout ce qui se passe.
C'est le passé, le présent et le futur.

L'éternité,
c'est ce qui dure ou semble durer
sans jamais devoir s'arrêter,
ou encore c'est ce qui ne change pas
ou ne changera jamais. C'est ce qui paraît
hors du temps et de son pouvoir.

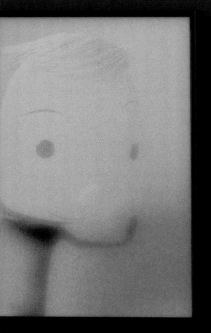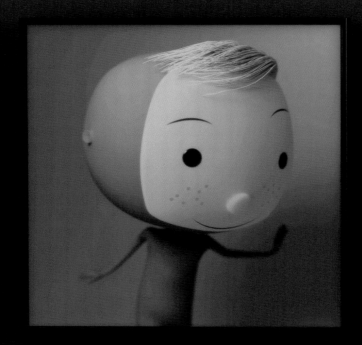

Le temps peut-il durer **une éternité** ?

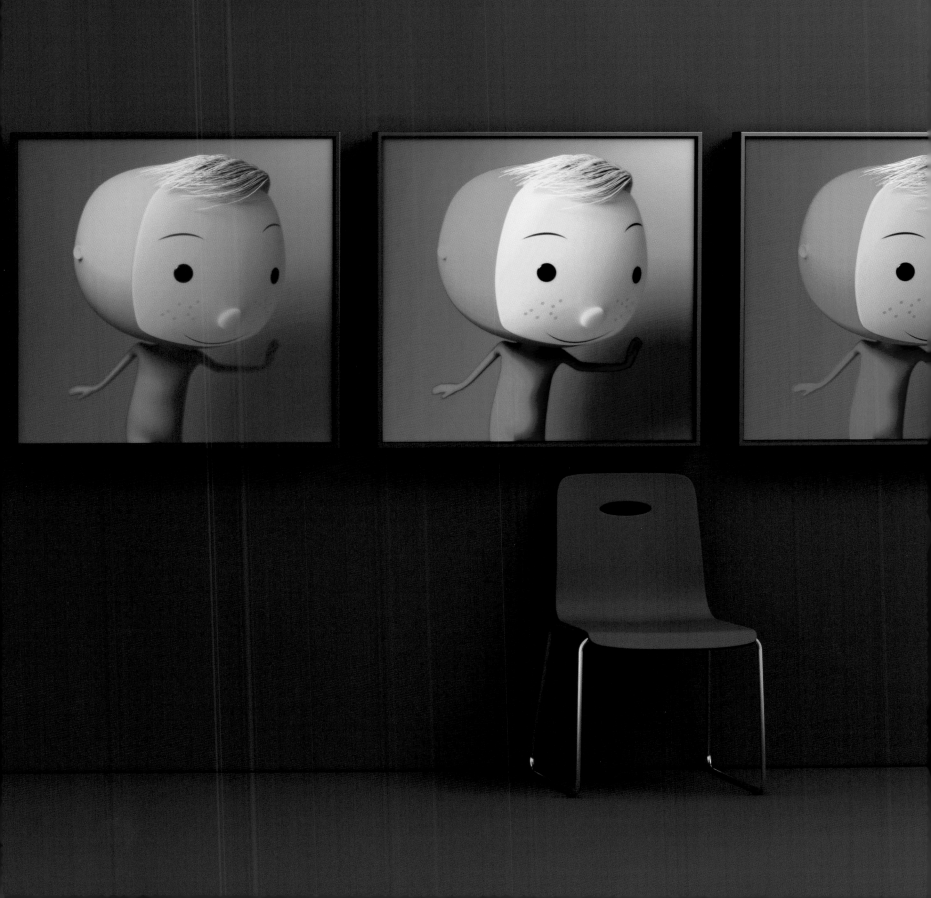

temps | éternité

Nous sommes nés, nous grandissons, nous mourrons :
notre vie est donc inscrite dans un temps défini. Pourtant
quand nous faisons quelque chose qui nous plaît vraiment,
le temps semble s'arrêter. Nous nous sentons éternels.
Mais l'éternité est immense, plus encore que le temps de l'univers
depuis le Big Bang. Il nous est difficile de comprendre
ou d'imaginer ce temps sans fin, un temps où le temps n'existe plus.
Pour certains, la seule forme qu'on peut donner à cette idée,
c'est celle d'un dieu immuable.

Pourtant, nous avons besoin à la fois du temps et de l'éternité
pour penser le mouvement ou la stabilité de tout ce qui nous
entoure et de notre existence. Nous ne pouvons pas être
une personne s'il ne demeure en nous quelque chose qui ne change
pas, quelque chose qui reste permanent de notre conception
à notre mort, et en même temps nous ne pouvons pas être vivants
si nous ne vieillissons pas à chaque instant. Sans doute
sommes-nous à la fois éternels et mortels.

Moi,
c'est mon individualité, c'est ce qui fait
que je suis une personne différente, spécifique, irremplaçable.
Avec un nom, une apparence, des goûts,
des sentiments, une personnalité, une pensée
qui n'appartiennent qu'à moi.

L'autre,
c'est celui qui n'est pas moi,
qui possède un corps et un esprit qui ne sont pas les miens.
Mais qui a, comme moi, un nom, une apparence,
des goûts, des sentiments, une personnalité, une pensée
qui n'appartiennent qu'à lui.

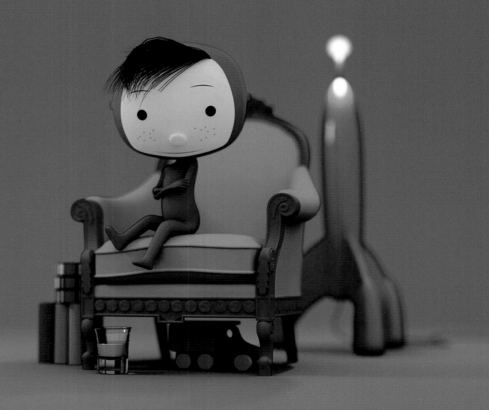

Chaque homme
est-il un moi unique
ou un moi semblable
à tous les autres ?

moi | autrui | 3

Chacun d'entre nous est unique et doit être reconnu et respecté pour son individualité. Pourtant, parce que nous sommes tous des hommes, parce que nous vivons ensemble, en famille et en société, nous avons beaucoup de points communs. Nous sommes aussi reliés les uns aux autres. Ne serait-ce que pour naître et apprendre, personne ne peut exister tout seul. Mais souvent les autres ne nous comprennent pas. D'ailleurs, il nous arrive aussi de ne pas nous comprendre ou de nous surprendre nous-mêmes, en bien comme en mal. Pourtant, nous nous reconnaissons chez les autres lorsqu'ils nous plaisent, lorsqu'ils souffrent ou pensent comme nous. Et c'est en nous comparant à eux que nous sentons en quoi nous sommes semblables ou différents d'eux, et que nous parvenons mieux à comprendre qui nous sommes.

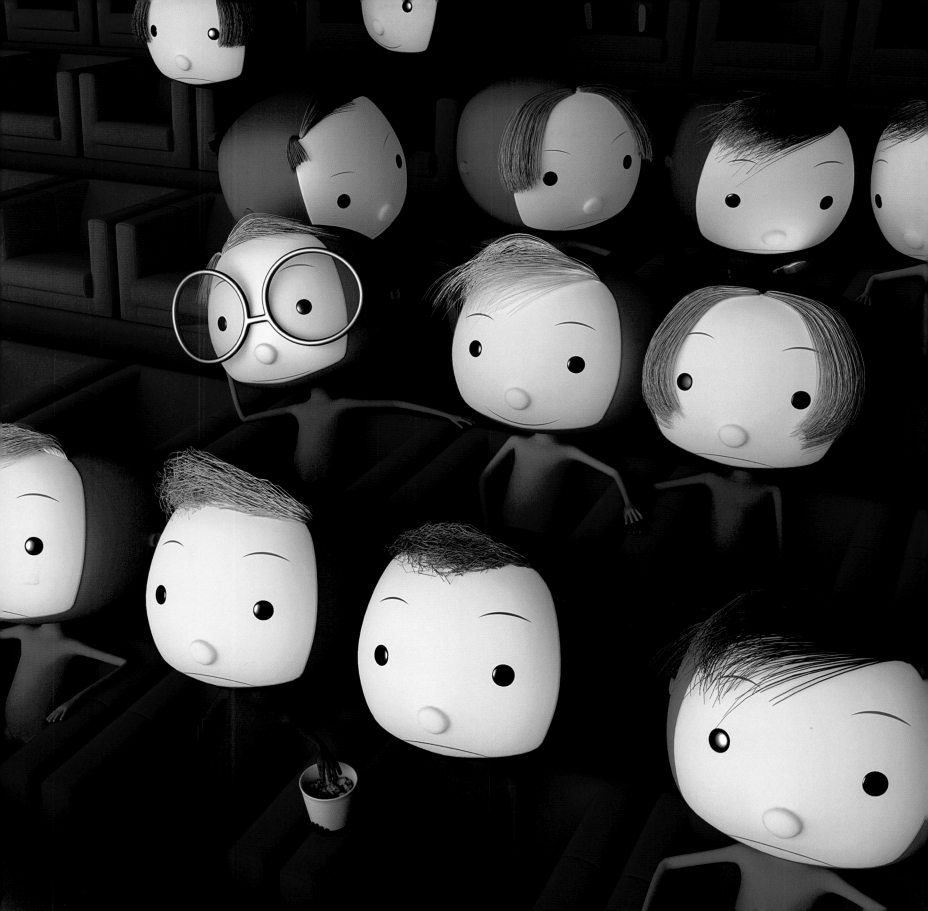

Le corps
est notre être matériel, fait de chair et d'os.
Son existence a une durée, qui commence à la naissance
et se termine à la mort. Il nous est indispensable,
c'est grâce à lui que nous sommes en vie.
Pour cette raison, nous devons le nourrir, l'habiller,
le protéger, l'entretenir et satisfaire tous ses besoins.

L'esprit
est notre être immatériel, ce qui nous rend humains.
Sans lui, nous ne serions qu'un animal comme les autres.
Il nous procure la raison, la conscience. Il nous permet
d'accomplir de grandes et belles choses, de sortir
de nous-mêmes, de comprendre, d'inventer et de rêver.

L'homme est-il **un corps,**
limité dans l'espace et le temps,
ou **un esprit,** qui ne se trouve nulle part,
qui parvient à penser tout l'univers
et l'histoire tout entière,
et peut se prétendre immortel ?

corps | esprit | 3

Le corps et l'esprit se trouvent souvent en opposition, voire en conflit, car ils n'ont pas les mêmes besoins ni les mêmes plaisirs ou intérêts. Pourtant, ils interagissent l'un avec l'autre, ils se transforment mutuellement et se complètent sans doute, puisque chacun des deux accomplit ce que l'autre ne sait pas faire. La question est de savoir lequel des deux doit en fin de compte dominer. Car chacun à sa manière oublie sans cesse qu'il n'est pas seul, le corps avec ses besoins corporels, l'esprit avec ses besoins spirituels. Or la nourriture du corps n'est pas la même que la nourriture de l'esprit.

Ce qui est actif,
c'est ce qui agit sur autre chose,
comme un rameur sur une barque,
une pierre qui vient heurter une autre pierre,
le soleil qui brille ou une idée qui fait rêver.
Tout ce qui est actif est la cause
de quelque chose, agit sur d'autres choses
en les modifiant.

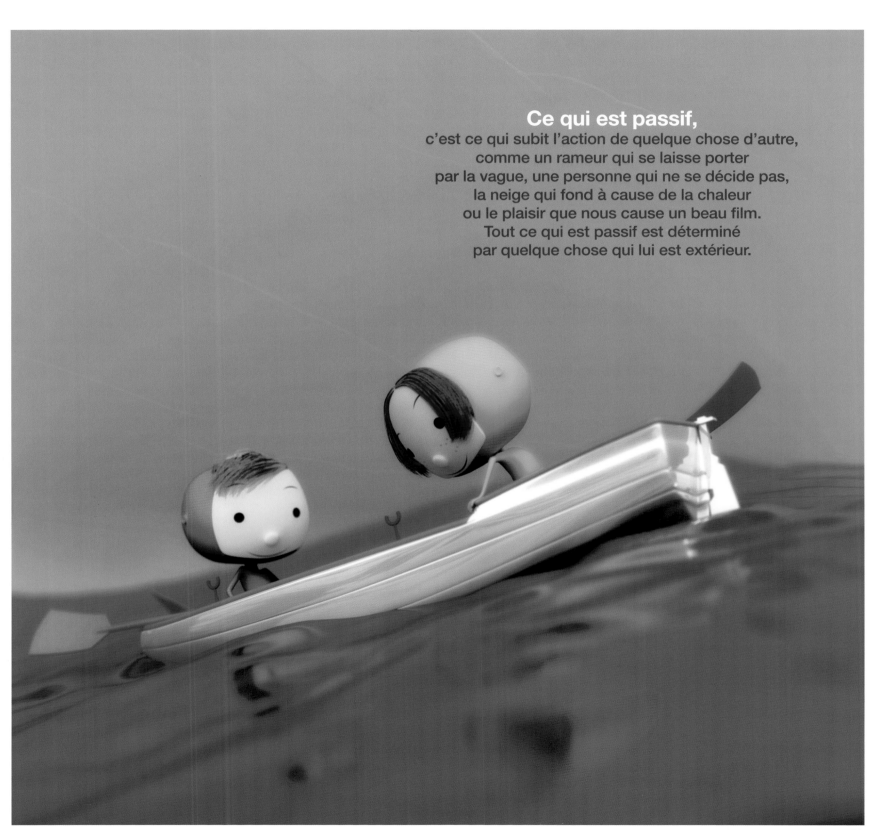

Ce qui est passif,
c'est ce qui subit l'action de quelque chose d'autre,
comme un rameur qui se laisse porter
par la vague, une personne qui ne se décide pas,
la neige qui fond à cause de la chaleur
ou le plaisir que nous cause un beau film.
Tout ce qui est passif est déterminé
par quelque chose qui lui est extérieur.

actif | passif : 2

Attendre, est-ce être actif ou passif ?

actif | passif 3

**Parfois, nous voulons quelque chose très fort,
nous agissons pour l'obtenir,** mais tous nos efforts peuvent
ne rien produire du tout. Parfois au contraire, quand nous
ne faisons rien d'autre qu'attendre, quand nous sommes seulement
patients, il arrive que les choses se produisent d'elles-mêmes.
Il nous semble alors que notre passivité agit. Étions-nous alors
actifs ou passifs ? Peut-être faut-il déjà agir sur soi-même
pour savoir attendre. De la même manière, nous pensons
que le mur qui soutient le toit de la maison est passif, jusqu'au jour
où il s'écroule. Nous réalisons alors qu'il agissait auparavant
de manière efficace. Finalement, il faut sans doute conclure
que tout agit sur tout, sans que nous nous en apercevions :
tout peut donc être vu comme à la fois actif et passif.

Une idée est objective
lorsqu'elle ne dépend pas de celui qui parle.
Elle exprime et reflète fidèlement la réalité, sans la modifier,
sans que l'auteur n'introduise d'éléments personnels.
On dit qu'une idée est objective quand on peut observer ou prouver
ce qu'elle exprime, quand elle a été vérifiée par des expériences
ou quand elle est vraie pour beaucoup de gens.

Une idée est subjective
lorsqu'elle n'appartient qu'à nous, parce qu'elle dépend
de notre manière de penser, de notre caractère, de nos humeurs,
de nos sentiments. Elle provient de nos expériences personnelles,
de nos convictions, de notre vision des choses.
Elle exprime notre existence particulière, notre manière d'être.

Une personne seule peut-elle exprimer
une vérité objective ?

objectif | subjectif | 3

Lorsque nous sommes tristes, nous affirmons que le verre est à moitié vide, lorsque nous sommes heureux, nous affirmons qu'il est à moitié plein. Mais nous pouvons aussi mesurer et affirmer que le verre contient 6 centilitres. Pourtant, lorsque des scientifiques ont soutenu pour la première fois que la Terre était ronde, que les objets lourds pouvaient voler ou que les maladies venaient des microbes, on les a accusés d'avoir des idées personnelles dangereuses ou d'être des fous. À l'inverse, un musicien ou un poète, lorsqu'ils expriment des sentiments personnels, semblent pouvoir décrire ce qui arrive à tout le monde : l'amour, la douleur, la joie... Ainsi, pour découvrir l'objectivité, parfois il faut aller au bout de notre subjectivité, parfois il faut l'abandonner.

La cause,
c'est ce qui génère une nouvelle existence,
ce qui provoque une transformation,
ce qui contribue à l'arrivée d'un événement.
Tout ce qui se passe a une cause,
rien n'arrive sans que quelque chose
l'ait provoqué.

L'effet,
c'est la conséquence de quelque chose,
ce qui est provoqué par une cause.
Tout ce qui est, tout ce qui existe
est l'effet de quelque chose,
et produit à son tour des effets.

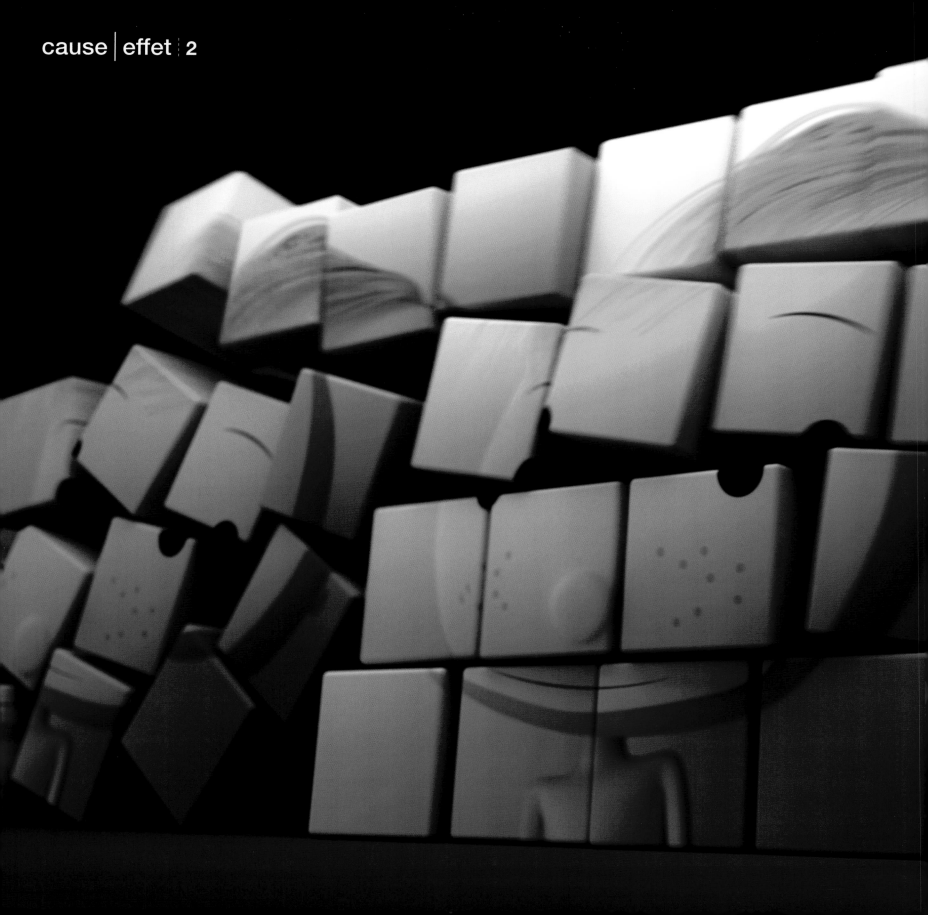

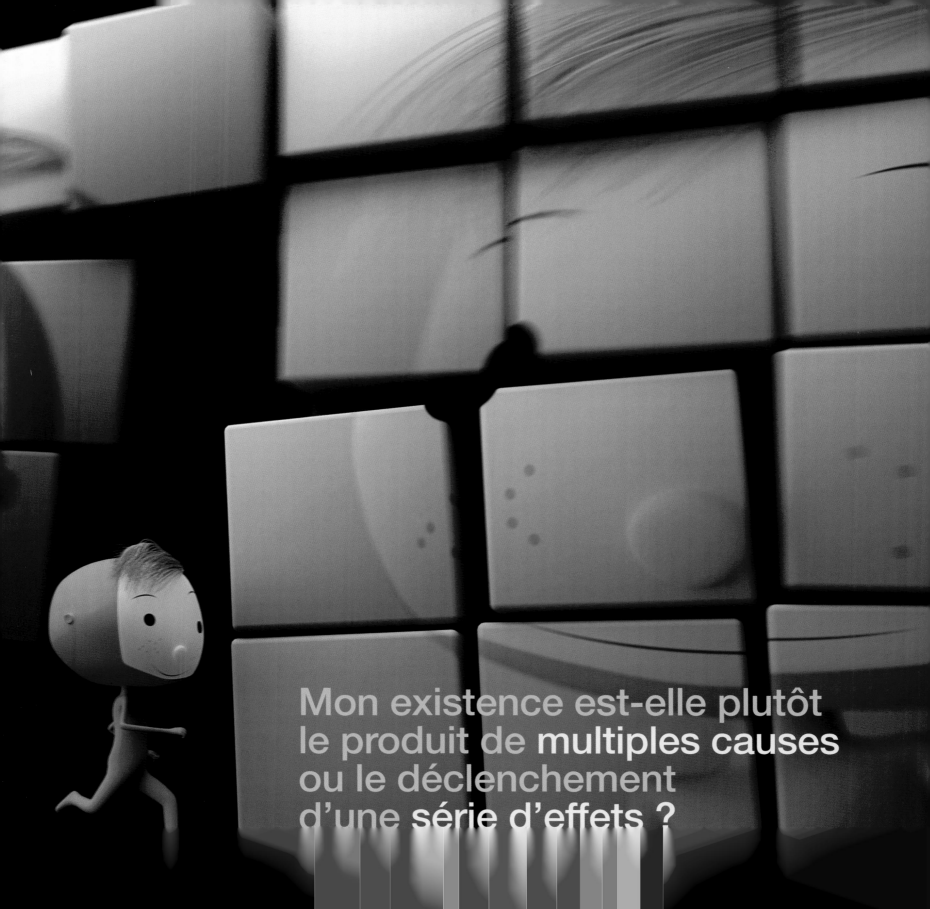

Mon existence est-elle plutôt
le produit de multiples causes
ou le déclenchement
d'une série d'effets ?

cause | effet

**Tous les jours nous agissons, à chaque instant
nous produisons des effets autour de nous.**
Mais bien souvent nous ne sommes pas conscients de ces effets.
De la même manière, nous oublions tout ce qui nous a engendrés,
tout ce qui nous fait vivre ou nous transforme, car trop de causes,
trop de raisons différentes contribuent à notre existence,
à notre manière d'être. Nous vivons dans un grand jeu de dominos,
une longue chaîne très complexe où rien n'arrive sans raison,
où rien ne se déroule sans conséquence, où tout semble finalement
relié. Nous dépendons tous des choses et des actions des autres,
à tel point que nous nous demandons parfois où se trouve
notre liberté.

Oscar Brenifier. Docteur en philosophie et formateur, il a travaillé dans de nombreux pays pour promouvoir les ateliers de philosophie pour les adultes et la pratique philosophique pour les enfants. Il a déjà publié pour les adolescents la collection « L'apprenti-philosophe » (Nathan) et l'ouvrage *Questions de philo entre ados* (Le Seuil), pour les enfants la collection « PhiloZenfants » (Nathan), traduite dans de nombreuses langues, et « Les petits albums de philosophie » (Autrement), ainsi que des manuels pour enseignants, *Enseigner par le débat* (CRDP) et *La pratique de la philosophie à l'école primaire* (Sedrap). Il est l'auteur du rapport sur *La philosophie non académique dans le monde* commandité par l'Unesco.
www.brenifier.com

Jacques Després. Il devait être joailler, comme le voulait la tradition familiale, et c'est donc clandestinement qu'il intégra les Beaux-Arts. Au début des années 1990, clandestin toujours, Jacques décida de quitter la rive des arts reconnus et s'embarqua vers ce nouveau médium, alors balbutiant, qu'était l'imagerie virtuelle. Cette discipline s'affirma très vite comme l'un des champs d'investigation les plus extraordinaires dans la production d'image. Au fil des ans, il fut amené à travailler dans des domaines aussi variés que l'animation, le jeu ou la scénographie. *Le livre des grands contraires philosophiques* est son premier livre, couronnant des années de réflexion sur l'espace, le corps et la lumière.

Fabrication : Céline Premel-Cabic
Photogravure : Nord Compo
Achevé d'imprimer en France par Pollina en février 2009 - n° L49345
N° d'éditeur : 10157334

Dépôt légal : février 2009
Conforme à la loi n° 49-956 du 16 juillet 1949
sur les publications destinées à la jeunesse.